8° Z. Le Senne - 8308

BÉNÉDICTION

SOLENNELLE

DES CLOCHES

DE

NOTRE-DAME DES CHAMPS

PARIS

TYPOGRAPHIE DE E. PLON et Cie

10, RUE GARANCIÈRE

M DCCC LXXVII

BÉNÉDICTION

SOLENNELLE

DES CLOCHES

DE

NOTRE-DAME DES CHAMPS

Le lundi 28 mai 1877, S. Ém. le cardinal Guibert, archevêque de Paris, a béni solennellement les trois cloches de la nouvelle église de Notre-Dame des Champs, données par la ville de Paris.

Les parrains et marraines de ces cloches étaient :

1° Madame Élisabeth-Charlotte-Sophie de la Croix de Castries, maréchale de MAC MAHON, duchesse de MAGENTA ;

ET

Monsieur le Général Marie-Charles-Venance, marquis d'ABZAC de MAYAC.

2° Madame Félix VOISIN, née Louise-Clémentine Rathier ;

ET

Monsieur Patrice de MAC MAHON.

3° Madame Berthe de Chabrol-Tournoelle, vicomtesse de CHABOT ;

ET

Monsieur Léonor de ROHAN-CHABOT, vicomte de CHABOT.

ALLOCUTION

DE

M. L'ABBÉ COGNAT

CURÉ DE LA PAROISSE

Au commencement de cette cérémonie, M. le Curé a prononcé l'allocution suivante :

ÉMINENCE,

MADAME,

MES FRÈRES,

Ce n'est pas sans une légitime appréhension que j'ose élever la voix devant une assemblée aussi nombreuse et aussi illustre.

Mais si les grandes douleurs sont muettes, ainsi que le remarque Bossuet, les grandes joies sont expansives, et la reconnaissance ne peut se taire sans s'exposer au soupçon d'ingratitude.

Or, je ne le dissimulerai pas, mon âme déborde, en ce jour, de joie et de reconnaissance.

Ma joie, cette assistance et cette cérémonie, ce temple et ces cloches en disent assez haut la cause. Ma reconnaissance, elle est aussi vive, aussi profonde dans mon cœur et dans le cœur de mes paroissiens, que nos bienfaiteurs se sont montrés et se montrent encore grands, empressés et généreux.

C'est, d'abord, à la source première de tous les bienfaits que j'éprouve le besoin de faire remonter l'expression solennelle de cette reconnaissance. Gloire, louanges et actions de grâces au Dieu bon et miséricordieux, de qui découlent tous biens et tous dons parfaits, qui inspire les bonnes pensées, soutient les bons desseins, qui, selon l'énergique expression de l'Apôtre, donne le vouloir et le faire : *Dat velle et perficere,* et, sans violenter la liberté humaine, fait servir à ses fins miséricordieuses et la bonne volonté des uns et la volonté révoltée des autres : *Gratias Deo!* A Dieu donc notre première reconnaissance.

C'est, ensuite, à la ville de Paris que je suis heureux d'adresser l'hommage public de notre gratitude. Non, quoi qu'on dise et quoi qu'on fasse, Paris ne se déshabituera pas de sitôt de bâtir des églises au Christ, dont ses pères se glorifiaient d'être les soldats. On ne lui fera pas oublier facilement qu'elle est la capitale de la nation très-chrétienne, le cœur de la fille aînée de l'Église, la cité de Geneviève et de saint Louis. Malgré les plaisirs qui la corrompent, les erreurs qui l'égarent, les révolutions qui la déchirent, elle demeure fidèle par le fond de ses entrailles à la foi de saint Denis.

J'aime à le proclamer en présence de ses deux premiers magistrats (1) et de ses édiles, qui ont acquis un droit nouveau à la reconnaissance de la paroisse de Notre-Dame des Champs en assistant à la bénédiction de ces cloches, dues à leur munificence.

---

(1) M. Ferdinand Duval, préfet de la Seine, et M. Félix Voisin, préfet de police.

Je ne suis pas compétent pour apprécier, comme il convient, l'œuvre du savant architecte à qui la Ville a confié la construction de cet édifice religieux; mais je ne serai que l'interprète du sentiment public, en disant que cette église ajoute un nouveau titre à tous ceux qui ne peuvent tarder de lui ouvrir les portes de l'Institut.

M. Ginain a réussi, avec des ressources relativement modiques et au milieu de difficultés sans nombre suscitées par les hommes et par les choses, à mener à bonne fin une église vraiment chrétienne, digne, par ses belles et harmonieuses proportions, par la pureté de ses lignes, par son élégante simplicité, de la Vierge Immaculée, de la Mère aimable du Sauveur, à qui elle est dédiée et dont elle porte le nom.

Sans doute, il lui manque un dernier perfectionnement; mais la Ville, nous en avons la confiance, voudra achever son œuvre, et les cloches qu'elle nous donne aujourd'hui nous sont le témoignage que, par le concours de toutes les bonnes volontés, chaque chose arrivera en son temps.

Ai-je besoin de le dire ? ces cloches, nous les attendions avec impatience.

Une église sans cloches est comme une âme muette. La voix des cloches, c'est l'inspiration du ciel et la prière de la terre. C'est la voix de la religion, chantant sur le berceau qui donne un citoyen de plus à la société, un membre nouveau à l'Église; célébrant l'épithalame sacré des époux qui fondent une famille chrétienne; unissant à nos larmes son glas funèbre, et réveillant dans nos cœurs, qui s'inclinent sur un cercueil, le souvenir de nos célestes espérances; rappelant, par le pieux et poétique tintement de l'*Angelus,* les grands mystères qui ont sauvé le monde; dominant des hauteurs du clocher les bruits de la cité, et redisant aux hommes entraînés par leurs plaisirs ou captivés par leurs affaires : Cherchez d'abord le royaume de Dieu et sa justice, et tout le reste vous sera donné par surcroît.

Sonnez, ô cloches de Notre-Dame des Champs, mais restez toujours la voix de Dieu et de son Église ! Que votre son consolant et pieux ne se change jamais en un lugubre tocsin pour annoncer les fléaux de la ville et les déchirements de la patrie!

Vous avez bien voulu consentir, Madame, à donner votre nom béni des pauvres à l'une de ces cloches. Nous n'avions aucun titre à cette faveur. Je me trompe, nous en avions un puissant. Le caractère propre de la bonté de Dieu est de s'incliner avec une prédilection miséricordieuse sur ce qui est petit, humble et pauvre. *Magnus Dominus et humilia respicit.*

C'est aussi l'attrait des grandes âmes et des cœurs vraiment chrétiens, c'est le vôtre, Madame, et voilà pourquoi vous êtes ici. Dieu qui exauce les désirs des pauvres, *desiderium pauperum exaudivit Dominus,* entendra nos prières pour vous et votre illustre famille; il les entendra en particulier pour Celui dont vous partagez si noblement les glorieuses et périlleuses destinées. Que Dieu le garde et le protége, et avec lui notre chère patrie, dont il est, en ces tristes jours, l'espoir providentiel.

Ni nous-même, ni nos pauvres, n'oublierons, dans

notre reconnaissance et nos prières, les nobles et généreux bienfaiteurs qui se sont associés à votre charité et à cette fête. Leurs noms, inscrits avec le vôtre sur ces cloches, porteront jusqu'à la postérité la plus reculée, avec le témoignage de leur foi et de leurs bienfaits, la gratitude des paroissiens de Notre-Dame des Champs.

Afin qu'aucun motif ne manquât à notre joie et à notre reconnaissance, vous avez daigné, Monseigneur, présider vous-même à cette fête paroissiale. Il ne convient peut-être pas à un fils de louer son père. Je ne dirai rien cependant que ne sachent la France et le monde catholique, si je rappelle que vous réalisez admirablement la devise de vos armes épiscopales en sachant unir toujours et partout, dans vos actes comme dans vos paroles, la force invincible du lion à la mansuétude inaltérable de l'agneau; que vous conduisez toutes choses sûrement, parce que vous les conduisez avec douceur et avec force, *suaviter et fortiter;* et qu'enfin, votre dévouement ne laisse échapper aucune occasion d'évangéliser les pauvres, *pauperes evangelizantur*.

Soyez béni, Monseigneur, ou plutôt bénissez-nous. Venez au secours de notre impuissance à remercier dignement et Dieu et nos bienfaiteurs. Bénissez cette grande cité, dont vous êtes le pasteur. Bénissez cette assemblée, bénissez cette paroisse et cette nouvelle église, afin qu'elle soit toujours un foyer de lumière, une école des vertus chrétiennes, un centre de vraie et solide piété, et, pour tout résumer en deux mots de l'Écriture, qu'elle soit la maison de Dieu et la porte du ciel!

Après ces paroles, Mgr Guibert a procédé à la bénédiction des trois cloches, appelées, du nom de leurs marraines, Élisabeth, Louise et Berthe.

Après le baptême, chaque parrain et chaque marraine ont fait tinter trois fois la cloche leur filleule. Procès-verbal de la cérémonie a été rédigé et signé. Puis, à la grande joie de l'assistance, madame la Maréchale et les deux autres marraines ont fait une très-gracieuse distribution de dragées aux très-nombreuses mains qui se levaient sur leur passage.

PARIS. — TYPOGRAPHIE DE E. PLON ET Cie, RUE GARANCIÈRE, 8.

www.ingramcontent.com/pod-product-compliance
Lightning Source LLC
Chambersburg PA
CBHW061016050426
42453CB00009B/1479